CURSO MESAS RESINADAS

Adalberto Liebl Filho

Sumário

Materiais para fabricação das mesas

Para a fabricação das mesas serão necessários alguns materiais.
Segue a lista abaixo dos materiais para a mesa:

- Resina epóxi + Endurecedor
- Madeira
- Balança de precisão
- Espátula dentada para acabamento
- Nível
- Trena

- ❏ Parafusadeira
- ❏ Soprador Térmico ou secador de cabelo
- ❏ Lixadeira + lixas de 100,220 e 320
- ❏ Serra elétrica
- ❏ Fita Adesiva
- ❏ Recipientes para medição, copo graduado (2 é o suficiente)
- ❏ Seringa (1 é o suficiente)
- ❏ Parafusos
- ❏ Luvas de proteção
- ❏ Óculos de proteção
- ❏ Máscara
- ❏ Pincel e Formão

Preparando o local

Para a fabricação da sua mesa River Table, a sala deverá estar com temperatura de no mínimo 20 °C, essa temperatura deve ser mantida para obter uma secagem adequada para a resina. O local também deve estar livre de poeira e quaisquer interferências tais como, pessoas circulando, pó, desnível do chão.

Construa sua própria River Table

 Para a construção de sua River Table você irá precisar dos seguintes materiais:
- ✓ Chapa de MDF
- ✓ Madeira de sua escolha
- ✓ Resina RUV 4230 com Endurecedor RUV 6820
- ✓ Corante verde
- ✓ Betume e álcool (opcional)

<u>Os outros materiais já foram citados na lista de materiais para a fabricação das mesas.</u>

PREPARAÇÃO DA MADEIRA

Depois de escolher a madeira para o seu projeto, você terá que fechar qualquer fresta por onde a resina possa escapar. Produzindo uma forma com o MDF. Em seguida passe o desmoldante ou se preferir pode ser fita durex, como na imagem 2.

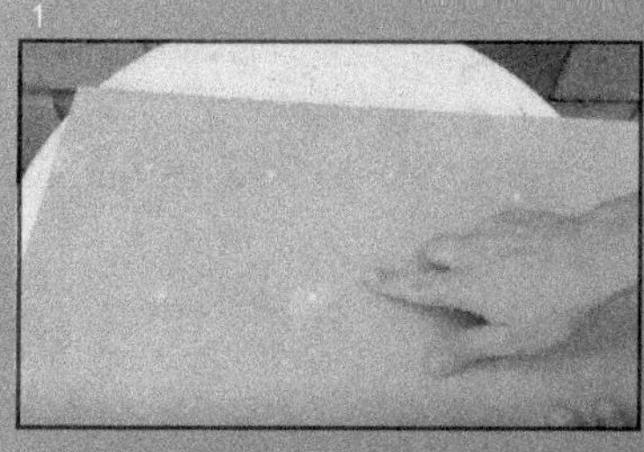

As medidas ficam a seu gosto.

- Parafuse tudo e passe silicone ou massa escolar para fechar completamente qualquer buraco.

Lixe a madeira e limpe qualquer impureza, pois a resina pode não fixar de forma correta. Não deixe as cascas, pois elas podem se soltar e a resina afrouxar, comprometendo a qualidade da mesa.

Aplique com um pincel um pouco da resina 2001 onde será aplicada a resina RUV 4230, pois isso irá melhorar o contato da resina com a madeira.

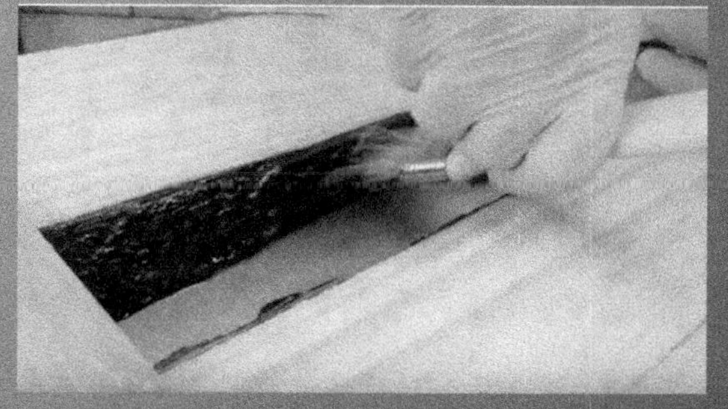

Como saber qual é a quantidade correta de resina que irei gastar ? Existe cálculo?

Existe, e é muito simples.

Comprimento (em metros) x Largura (em metros) x Profundidade (em milímetros)

O valor resultante será o valor em litros que você irá utilizar!

Exemplo do cálculo:

1,5m comprimento x 0,15m largura x 30 milímetros profundidade = 6,75 litros

Caso você não saiba como converter centímetro (cm) em metro (m) e centímetro (cm) em milímetro (mm), você pode usar o seguinte cálculo:

3cm x 10 = 30 mm
Multiplica o valor em centímetros por 10, o resultado se dará em milímetros.

15cm/100 = 0,15m
Divide o valor em centímetros por 100, o resultado se dará em metros.

ATENÇÃO

Não exceda 2cm de espessura por vez. Se sua mesa tiver mais de 2cm de espessura de resina, faça em camadas, pois a mesma esquenta e pode comprometer o trabalho.

NÃO MANUSEIE A RESINA SEM OS EPIS, POIS ELA PODE PREJUDICIAL SE ENTRAR EM CONTATO COM OLHOS, BOCA, NARIZ OU PELE.

Atenção na medida endurecedor e resina, pois cada fabricante e tipo de resina tem sua medida específica. Sempre respeite as medidas fornecidas pelo fabricante, pois quantidades erradas podem comprometer o trabalho inteiro.

Agora com tudo preparado, você deverá deixar a mesa nivelada. Jamais deixe a mesa desnivelada, pois isso irá causar caroços e comprometer todo o trabalho.

Misture 1 litro(1kg) de resina RUV 4230 e endurecedor 6820.Para isso use a balança de precisão. Em seguida misture 5ml de corante verde petróleo.

Fique atento a proporção de resina e endurecedor. Para essa resina as proporções são: 100 pra 18, ou seja, para cada 100g de resina RUV 4230 são necessários 18g de endurecedor 6820. Cada resina tem seu respectivo endurecedor, e suas medidas variam de fabricante e tipos.

• Depois de misturada a resina, é hora de aplica-la na mesa. Veja na imagem:

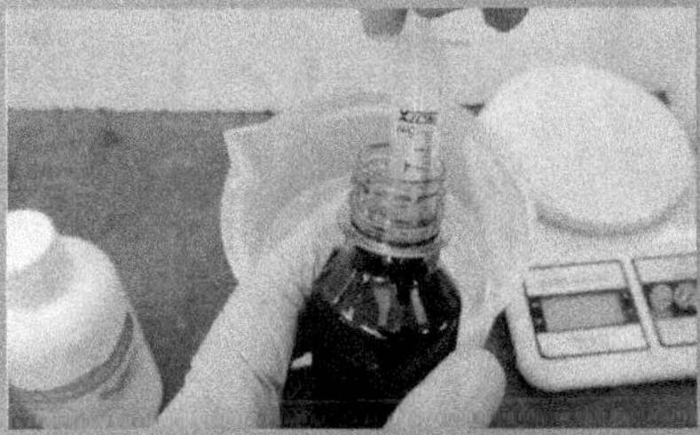

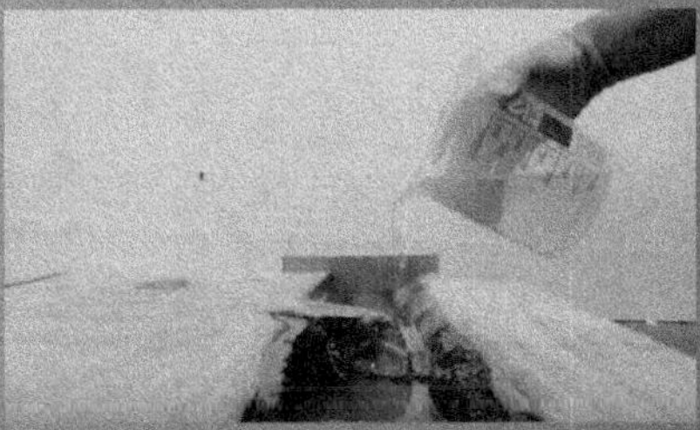

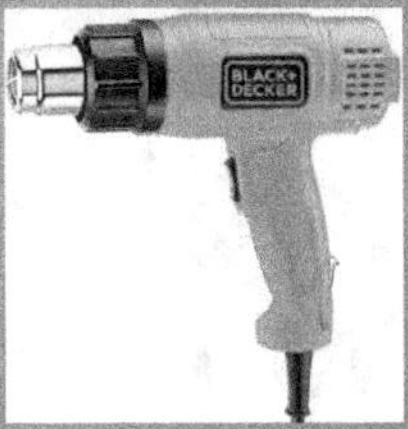

BLACK+DECKER

Não esqueça de passar
o soprador térmico ou
secador de cabelo,
pois eles removem as
bolhas geradas
durante a aplicação.

- O tempo de cura da resina de no mínimo 24 a 48 horas, nesse período acontece o acabamento. A cura completa leva cerca de 7 dias.

- Depois do período mínimo é hora do acabamento, para isso você irá precisar da lixadeira e das lixas 100, 220 e 320, passando-as nessa ordem.

DICA: A esmerilhadeira custa o mesmo preço da lixadeira, e tem mais funções. Com ela você poderá executar outros serviços.

Se você quiser pode usar uma esmerilhadeira como lixadeira.

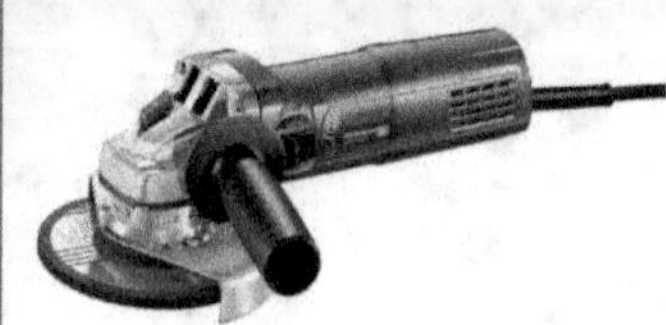

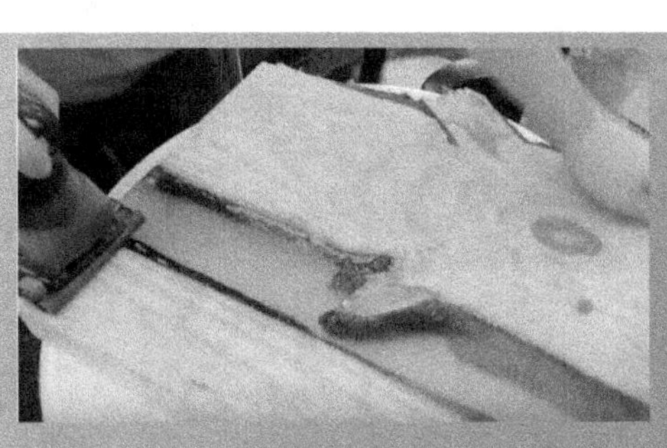

Passe as lixas
100, 220 e 320
em ambos os
lados da mesa.

Atenção: Use os
EPIS, pois o pó
pode irritar olhos
e vias aéreas.

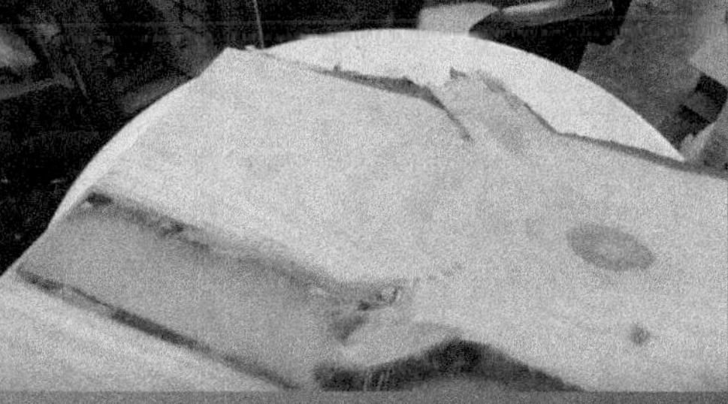

• Em seguida limpe a mesa usando uma estopa e álcool para eliminar qualquer impureza que tenha ficado na superfície.

• Se for de sua preferência, pode usar o betume para escurecer um pouco a madeira.

Dilua meio frasco de betume e acrescente meio copo de água e álcool.

Para finalizar o acabamento aplique com uma espátula a resina 2001 e endurecedor 3154. As medidas para essa resina são de 50 pra 100, ou seja: 500g de resina e 250g de endurecedor.

A medida da espátula fica a seu gosto, lembrando que quanto maior o número, mais grossa será a camada de resina utilizada.

Nas laterais aplique com um pincel. Lembre-se de espalhar uma camada uniforme em toda a mesa.

Não esqueça de passar o soprador térmico para eliminar as bolhas.

Deixe a mesa em repouso durante no mínimo 5 a 7 dias, para que a resina cure por completo.

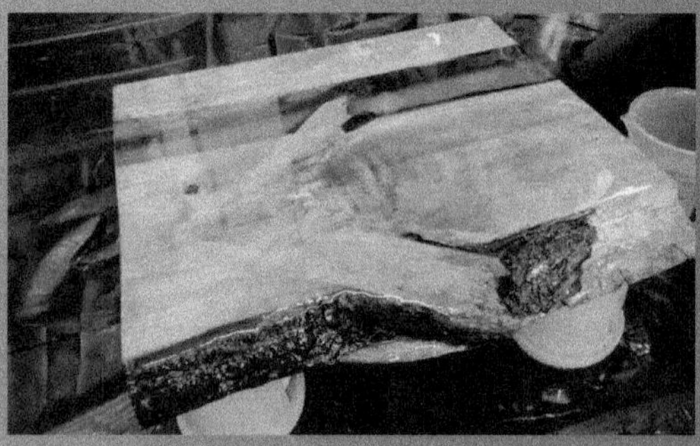

Dicas para ter mais sucesso

- ✓ Diferença entre tipos de resina epóxi;
- ✓ Como escolher os materiais adequados para o seu projeto;
- ✓ Projeto extra para iniciar;
- ✓ Link para compra de materiais;

Diferença entre tipos de Resina

Existem inúmeros tipos de resina, mas a que nos importa aqui é a RESINA EPÓXI. Existe basicamente a resina epóxi de baixa e alta viscosidade.

A resina de alta viscosidade é mais densa, indicada para projetos mais rápidos e rígidos, devido a ela ser mais densa escoa mais lentamente e cura mais rapidamente.

A resina de baixa viscosidade é menos densa e escoa mais rapidamente. Indicada para projetos que necessitam de um tempo maior de preparo, pois a mesma demora mais a curar.

Como escolher os materiais adequados para o seu projeto

Na hora de escolher os materiais para seu projeto, existem alguns pontos a serem levados em consideração:

- Compre a quantidade de resina sempre maior do que a calculada no projeto;
- Se seu móvel for suportar peso, utilize resina de alta viscosidade;
- Na hora de escolher a madeira, procure sempre aquelas com menos cascas e que não estejam em decomposição, pois elas ficaram mais frágeis, lembre-se, a função da resina não é deixar a madeira resistente, é apenas dar um efeito estético;
- Se for produzir um móvel que irá ficar exposto a luz solar, escolha uma resina com proteção UV, pois a resina sem essa proteção fica amarela em contato com o sol;

Projeto extra para iniciar

Materiais:

- Resina epóxi 2004 de baixa viscosidade com endurecedor 3154;
- Cano de PVC de 100mm;
- Cola quente;
- Soprador térmico;
- Tampinhas de garrafa ou rolhas;

Porta Copos

Cole o cano de pvc em uma tampa de plástico.

Em seguida passe cola quente nas bordas para fixar o cano na tampa, e para que não vaze resina.

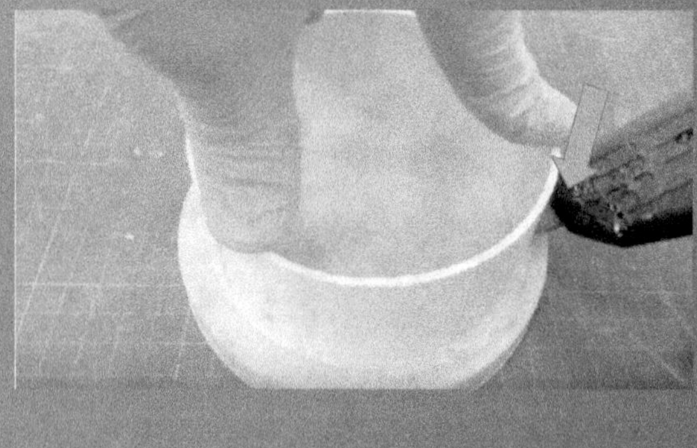

Corte as rolhas em pequenas rodas, se for usar as rolhas não esqueça de colocar as mesmas na resina um dia antes, para que fiquem firmes e não ocorra bolhas.

Posicione as tampinhas ou rolhas no fundo do recipiente, fixe-as bem no fundo para que não boiem.

Separe 60g de resina e 30g de endurecedor.

Não esqueça de passar o soprador térmico para evitar bolhas. Espere 24 horas e retire o porta copos da forma.

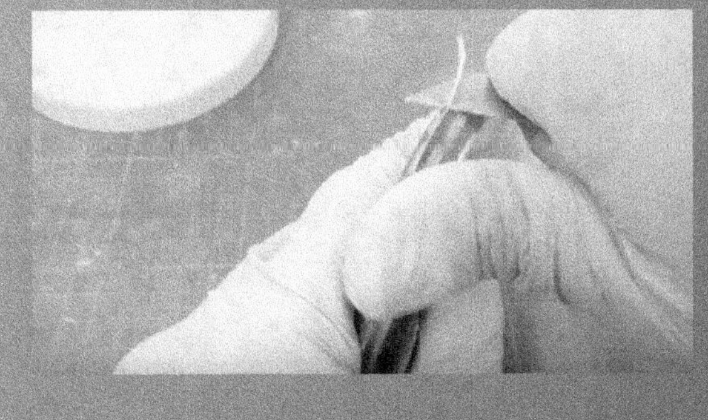

Corte as
bordas que
sobraram
do
processo.

Links para compra de materiais

www.redelease.com.br

www.ingramcontent.com/pod-product-compliance
Lightning Source LLC
Chambersburg PA
CBHW050711250726
48662CB00002B/957